교과서 자연동화

동글동글한 알
아주 작은 씨앗

글 이상배 그림 황지영

계림북스
kyelimbooks

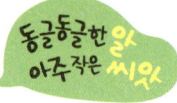

동글동글한 알 아주 작은 씨앗 교과서로 만나요!

| 슬기로운 생활 | 1학년 2학기 | 4. 가을의 산과 들 |

과학	3학년 1학기	3. 동물의 한살이
	4학년 1학기	3. 식물의 한살이
	4학년 2학기	1. 식물의 세계
	5학년 1학기	3. 식물의 구조와 기능

알은 처음 어디에서 왔을까요?
씨앗은 처음 어디에서 왔을까요?
알과 씨앗은 생명의 처음입니다.

자연을 사랑하는 어린이들에게

둥지 안에 알이 있습니다.
어미가 금방 낳은 듯한 조그맣고 연약한 알.
건드리면 깨질 것 같아 만지기도 겁이 납니다.
크기와 색깔도 다양합니다.
알록달록한 무늬가 아롱아롱 새겨져 있습니다.
그런데 알은 왜 모나지 않고 동글동글하게 생겼을까요?
그 비밀이 궁금합니다.
그 조그맣고 연약한 알 속에 생명이 숨 쉬고 있습니다.
세상에 태어나기 위해서 고운 숨을 고르고 있습니다.
알이 동물의 생명이라면, 씨앗은 식물의 생명입니다.
아주 작은 씨앗은 어둠 속에서 의지를 키웁니다.
'싹을 틔워야 해.'
씨앗의 바람은 추위도, 천둥도, 비바람도 꺾을 수 없습니다.
나무와 잡초는 죽어도, 그 씨앗은 생명으로 다시 태어납니다.

> 차례

첫 번째 이야기

숨 쉬는 생명, 새의 알　　　　　　　　　14
- 더 궁금해요!　　　　　　　　　　　　34

두 번째 이야기

민들레 씨앗은 어디로 날아갈까?　　　　40
- 더 궁금해요!　　　　　　　　　　　　60

세 번째 이야기

새로운 생명으로 태어나는 식물의 씨앗　66
- 더 궁금해요!　　　　　　　　　　　　86

첫 번째 이야기

숨 쉬는 생명, 새의 알

호로로, 찌르르, 비리쫑 비리쫑!
숲에서, 나무에서, 물가에서, 하늘에서
새들은 쉬지 않고 노래합니다.
멀리서 날아온 떠돌이 새들과 텃새들이
한데 어우러져 신 나게 노래합니다.
수컷들이 더 크게 노래합니다.
"우리 짝짓기 하자."
"여기는 내 땅이야."

새들은 한 가지 말밖에 못 합니다.

까치는 '깍깍', 산비둘기는 '구구구' 입니다.

참새의 말은 '짹짹' 입니다.

적이 나타나도 짹짹,

새끼를 부를 때도 짹짹,

좋아도 짹짹, 슬퍼도 짹짹거립니다.

어느 날, 날다람쥐가 뱁새에게 물었습니다.

"어떻게 하늘을 날 수 있니?"

"몸이 가벼우면 날 수 있지."

"어떻게 해야 가벼워지는데?"

"똥을 자주 싸면 배 속이 비워지잖아."

"응, 그래서 새들은 날아가면서도 똥을 찍, 싸는구나?"

날다람쥐는 또 궁금한 걸 물었습니다.
"너는 왜 새끼를 낳지 않고 알을 낳는 건데?"
"그건 날기 위해서야. 배 속에 새끼가 있으면 무거워서 어떻게 날 수 있겠니?"

비비 비비비!

부지런한 뱁새는 짝짓기를 마쳤습니다.

'뱁새가 황새를 따라가면 다리가 찢어진다.' 는

속담처럼 뱁새는 다리가 짧습니다.

원래 이름은 머리가 붉고, 작은 눈이 오목하여

'붉은머리오목눈이' 라고 합니다.

"빨리 집을 지읍시다."

"여기가 좋겠어요."

뱁새 부부는 찔레나무에 집을 짓기 시작했습니다.

뻐꾹 뻐꾹!
뻐꾸기가 웁니다.
이른 아침부터 저녁까지
쉬지 않고 웁니다.
도대체 무슨 일이 있길래
저리 목이 쉬도록 울까요?
누가 둥지를 망가뜨린 걸까요?

다른 새들도 열심히 집을 지었습니다.
딱따구리는 잣나무에 구멍을 뚫고,
까치는 미루나무 꼭대기에,
꾀꼬리는 갈참나무 가지에,
종다리는 보리밭에,
박새는 졸참나무 구멍에 둥지를 틀었습니다.
작년에 딱따구리가 뚫어 놓은 헌 집입니다.
"빨리 알을 낳아야지."
새들은 둥지에 들어가 알을 낳기 시작합니다.

뻐꾹 뻐꾹! 뻐꾸기 부부가 목청을 높여 웁니다.
그런데 이상한 일입니다.
뻐꾸기는 아직도 집을 짓지 않고 있습니다.
뱁새의 둥지가 잘 보이는 곳에 앉아 울기만 합니다.
엄마 뱁새는 지금 알을 낳고 있습니다.
하나, 둘, 셋…….
뱁새는 뻐꾸기 울음소리가 귀에 거슬렸습니다.

"쟤들은 집도 안 짓고 왜 딴청일까?"
뻐꾸기는 뱁새가 알을 몇 개나 낳았는지,
알 색깔은 무엇인지 알고 있습니다.
알은 푸른색입니다.
뱁새는 하얀색 알을 낳을 때도 있고,
푸른색 알을 낳을 때도 있습니다.

뱁새는 마지막 알을 낳고 바람을 쐬러 갔습니다.
"이때다!"
숨어 지켜보던 뻐꾸기가 뱁새 둥지로 날아갔습니다.
뻐꾸기는 알 하나를 뱁새 둥지에 낳았습니다.
푸른색 알이었습니다.
둥지에는 이제 여섯 개의 알이 있습니다.

뻐꾸기는 잽싸게 자기 알을 가운데로 옮기고,

뱁새 알 하나를 부리로 톡 깨서 꿀꺽 먹어 치웠습니다.

둥지 안에는 다시 다섯 개의 알이 남았습니다.

"뱁새야, 내 알 좀 부탁해!"

뻐꾸기는 아무 일 없었다는 듯이 둥지를 떠났습니다.

숲 속의 새들은 앞다투어 알을 낳았습니다.

둥지마다 알들이 소복합니다.

알은 조금씩 생김새가 다르지만 모두 둥글게 생겼습니다.
둥근 모양은 엄마 새가 품기 좋습니다.
하얀색, 푸른색, 회색, 누런색으로 바탕색이 다릅니다.
깨알 같은 점무늬와 얼룩덜룩한 무늬가 아름답습니다.
딱딱한 알도 있고, 거칠거칠한 알도 있고,
매끈매끈한 알도 있습니다.
크기도 조금씩 다 다릅니다.

알은 신비합니다.

만지고 싶지만 깨질까 봐 만질 수가 없습니다.

가만히 귀 기울여 보면 숨소리가 들립니다.

알은 살아 있는 '생명'입니다.

마음으로 들을 수 있는 그 숨소리는

바로 생명의 소리입니다.

뻐꾹, 뻐꾹, 뻐꾹!

뻐꾹 소리가 세 번 울리면 세 시입니다.

둥지도 짓지 않고, 알도 남의 둥지에 낳는 뻐꾸기입니다.

그런 얌체 같은 뻐꾸기가 뭐가 좋다고

사람들은 뻐꾸기시계를 만들었을까요?

뻐꾸기는 시간 계산을 잘하는 새입니다.

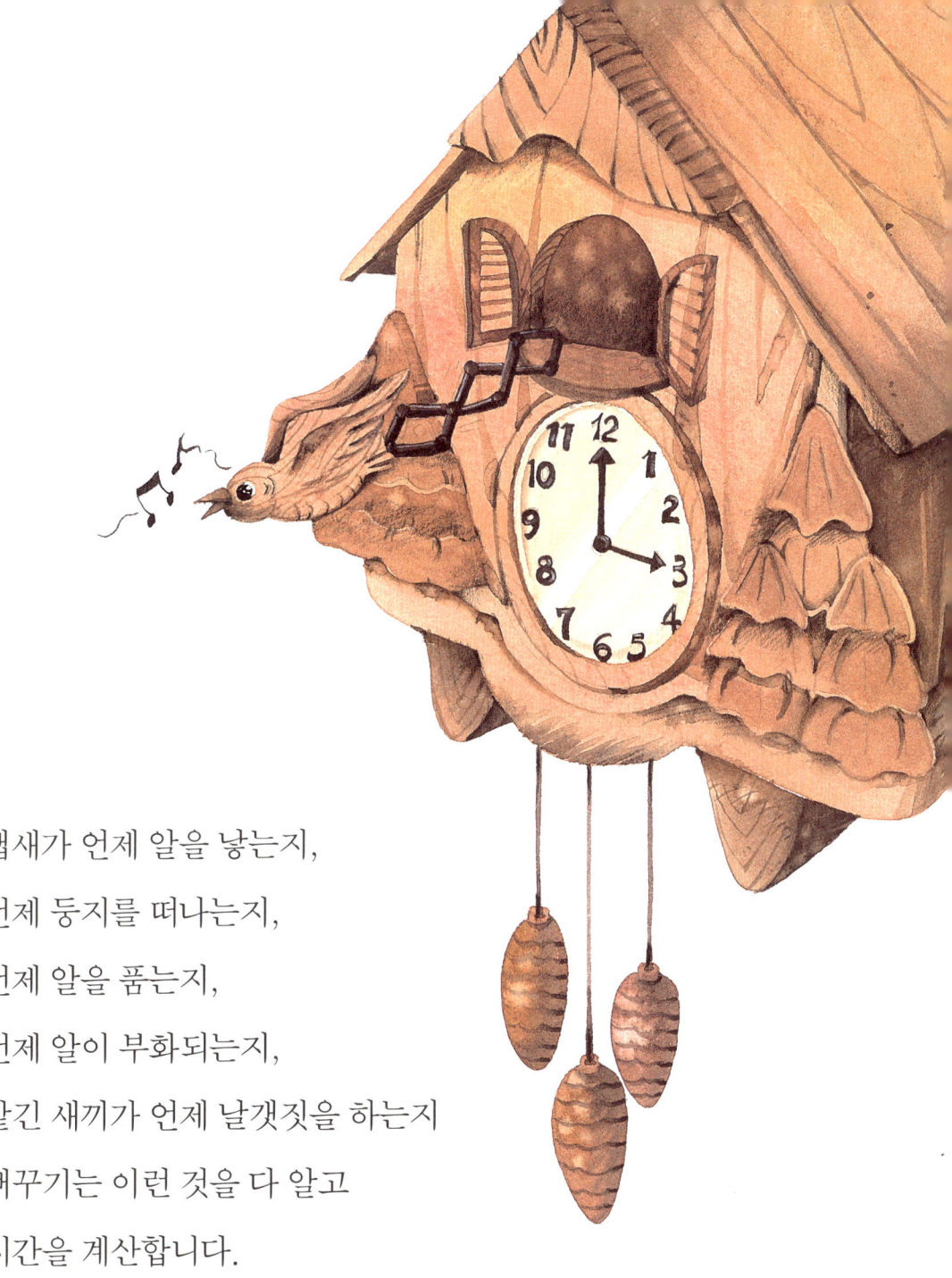

뱁새가 언제 알을 낳는지,
언제 둥지를 떠나는지,
언제 알을 품는지,
언제 알이 부화되는지,
맡긴 새끼가 언제 날갯짓을 하는지
뻐꾸기는 이런 것을 다 알고
시간을 계산합니다.
이런 이유로 뻐꾸기시계가 생겨난 것입니다.

"아이고, 내 새끼들!"

뱁새는 정성껏 알을 품었습니다.

자신의 둥지 안에 뻐꾸기 알이 있는 줄도 모릅니다.

마침내 알 하나가 먼저 깨어났습니다.

뻐꾸기 새끼입니다.

눈도 못 뜬 새끼는 입을 쫙쫙 벌립니다.

"엄마, 배고파요. 먹을 걸 주세요."

"오냐, 오냐. 조금만 참아라."

뱁새는 알을 품다 말고 먹이를 잡아 왔습니다.

"자, 어서 먹어라. 귀여운 내 새끼!"

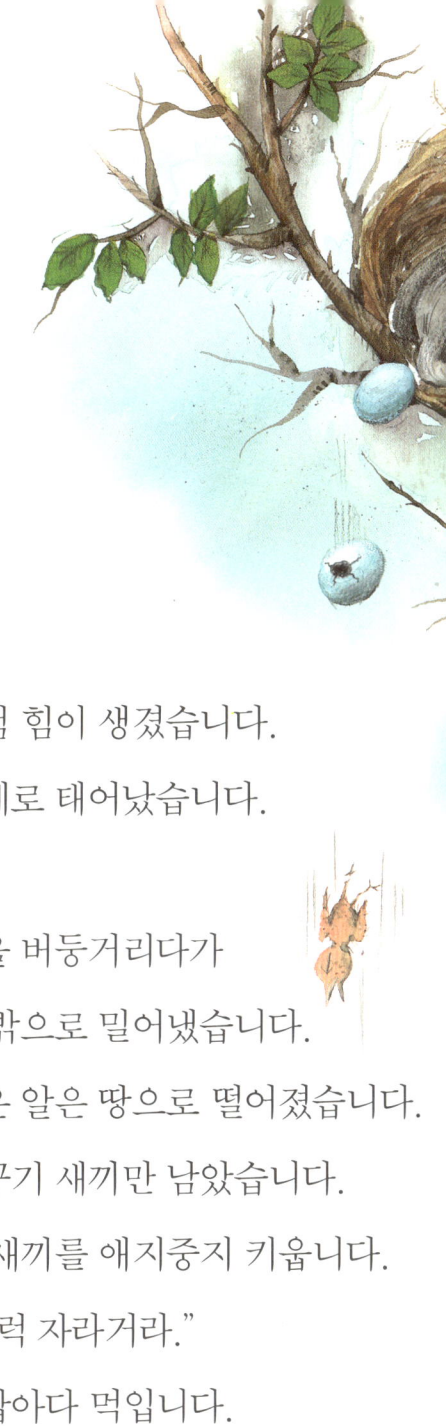

뻐꾸기 새끼는 점점 힘이 생겼습니다.
뱁새 새끼들도 차례로 태어났습니다.
"아이고, 비좁아."
뻐꾸기 새끼가 몸을 버둥거리다가
뱁새 새끼를 둥지 밖으로 밀어냈습니다.
아직 깨어나지 않은 알은 땅으로 떨어졌습니다.
뱁새 둥지에는 뻐꾸기 새끼만 남았습니다.
뱁새는 하나 남은 새끼를 애지중지 키웁니다.
"어서 먹고 무럭무럭 자라거라."
부지런히 벌레를 잡아다 먹입니다.
"고마워요, 뱁새 엄마."

이십 일이 지났습니다.
뻐꾸기 새끼는 아직도 둥지를 떠나지 않고
뱁새가 물어다 주는 벌레를 받아먹고 있습니다.
몸집은 뱁새 엄마보다 더 커졌습니다.
이제 머지않아 뻐꾸기가 새끼를 찾으러 올 것입니다.

숲 속에 새들의 노래가 울려 퍼집니다.
알에서 깨어나 둥지를 떠난 새들입니다.

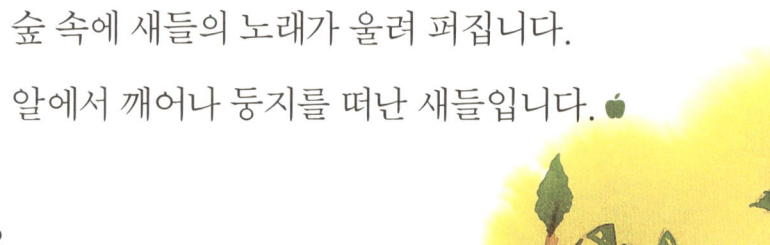

더 궁금해요!
알은 숨 쉬는 생명이에요

뻐꾸기와 붉은머리오목눈이

뻐꾸기는 흔히 볼 수 있는 여름 철새로 숲 속에서 삽니다. 암수의 생김새가 같은데 '뻐꾹~' 울음소리는 수컷이 냅니다.

뻐꾸기는 다른 새의 둥지에 알을 낳을 뿐 아니라 새끼도 다른 새의 힘을 빌려 키우는 특이한 습성을 가지고 있습니다. 그 역할을 맡은 새가 바로 '뱁새'라고 불리는 붉은머리오목눈이입니다.

붉은머리오목눈이
- 부리가 짧고 단단해요.
- 몸 색깔이 갈색을 띠어요.
- 작은 몸에 비해 꼬리는 긴 편이에요.

뻐꾸기
- 눈동자 주위가 노란색이에요.
- 배를 제외한 몸은 푸른 회색이에요.
- 꼬리에 여러 개의 점줄무늬가 있어요.
- 배에는 흰 바탕에 가느다란 검정 가로줄 무늬가 있어요.

새알은 왜 둥그럴까요?

새나 물고기, 곤충의 암컷이 낳은 알은 동물의 '씨앗'입니다.
알이 둥근 것은 모나지 않아야 여러 개가 모여 있어도 다치지 않고, 엄마 새가 한번에 품기 좋기 때문입니다.
알 껍질에는 작은 숨구멍이 나 있어서 알 속의 생명체는 숨을 쉴 수 있지요. 그러면서 물은 통과되지 않아 수분이 날아가는 걸 막아 줍니다.

알의 구조

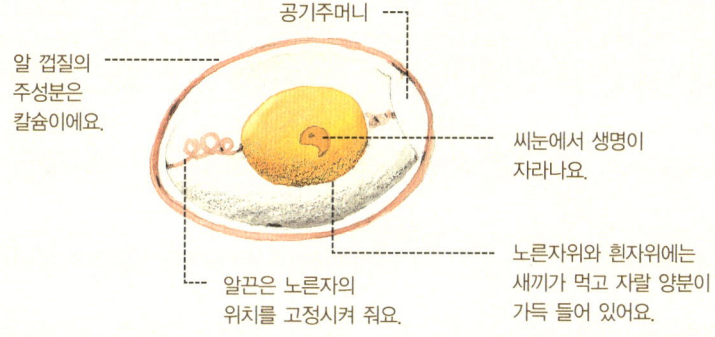

- 공기주머니
- 알 껍질의 주성분은 칼슘이에요.
- 씨눈에서 생명이 자라나요.
- 알끈은 노른자의 위치를 고정시켜 줘요.
- 노른자위와 흰자위에는 새끼가 먹고 자랄 양분이 가득 들어 있어요.

알에서 새끼가 되기까지

짝짓기를 하고 둥지에 알을 낳아요.

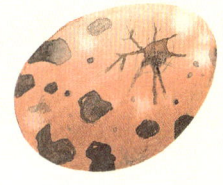
엄마 새가 알을 품으면 그 온기로 생명이 자라기 시작해요.

보통 보름 정도 되면 새끼가 부리로 껍질을 깨고 세상 밖으로 나와요.

알이라고 다 같은 게 아니에요

새의 종류에 따라 알의 크기와 색깔은 다양합니다. 어떤 알은 매끈매끈하고, 어떤 알은 거칠거칠합니다. 하얀색, 푸른색, 회색, 누런색 등 색깔이 제각각 다를 뿐 아니라 무늬가 알록달록한 알도 있고, 가는 점이 어지럽게 얽혀 있는 알도 있습니다. 이런 색과 무늬는 적의 눈에 잘 띄지 않도록 하는 보호색 역할을 합니다.

붉은머리오목눈이 알
때에 따라 푸른색과 하얀색 알을 낳아요.

딱새 알
옅은 푸른색이 도는 회색이에요. 깨알 같은 점무늬가 있어요.

뜸부기 알
풀밭 둥지에 낳은 뜸부기 알이에요. 갈색의 얼룩무늬가 어지럽게 나 있어요.

메추라기 알
메추라기의 알은 크고 작은 검은 얼룩무늬가 흩어져 있어요.

새끼를 맡기는 새, 새끼를 키워 주는 새

뻐꾸기를 비롯해 두견이, 매사촌 등 두견과에 속한 새들은 다른 새의 둥지에 알을 낳아 그 둥지의 주인 새가 알을 품고 새끼를 키우게 합니다. 알을 낳을 둥지의 새가 언제 몇 개의 알을 낳는지 정확히 알아 두었다가 둥지를 비운 사이에 몰래 자기 알을 낳습니다. 붉은머리오목눈이뿐만 아니라 알락할미새, 큰유리새, 때까치, 휘파람새의 둥지에 알을 낳습니다.

큰유리새
여름 철새인 큰유리새는 암컷과 수컷이 새끼들과 함께 생활해요. 사진은 암컷이에요.

두견이
뻐꾸기처럼 배에 검은 줄무늬가 있는 두견이는 휘파람새의 둥지에 알을 낳아요.

매사촌
우리나라에서는 쉽게 찾아볼 수 없는 나그네새예요. 큰유리새의 둥지에 알을 낳아요.

누가 내 둥지를 엿보는 거야?

알락할미새
여름에 우리나라를 찾아오는 여름 철새예요. 땅 위에 밥그릇 모양으로 둥지를 쳐요.

두 번째 이야기

민들레 씨앗은
어디로 날아갈까?

빨간 꽃, 하얀 꽃, 노란 꽃, 분홍 꽃, 보라 꽃…….
들판에 꽃이 피었습니다.
그중 빛나는 꽃은 노란 꽃입니다.
무슨 꽃이 저리 노란빛일까요?
밤하늘의 별이 떨어져 피어난 것 같아요.

"어, 꽃 색깔이 왜 다르지?"
"솜 모자를 덮어쓴 것 같아!"
"하얀 솜사탕 같은데?"

노란 민들레 한 송이가 옆에 난 갓털을 보고 신기해했습니다.

민들레 한 포기에는 여러 개의 꽃줄기가 있습니다.

두 꽃줄기에는 노란 꽃이 피었는데, 한 꽃줄기에는 하얀 꽃이 피었습니다.

"내가 먼저 피어서 갓털이 된 거야. 너희도 곧 나처럼 될 거야."
"우리도 갓털이 된다고? 난 노란 꽃으로 있고 싶은데……."
"그럴 수 없어. 우리는 멀리 여행을 떠나야 해.
바람이 우리를 데려다 줄 거야."
갓털은 바람이 불어오기를 기다립니다.
"내가 떠나기 전에 재미난 이야기 하나 들려줄게.
옛날 도깨비 마을에 거짓말쟁이 도깨비가 살았대."

"히히, 참말은 재미없어. 거짓말이 재미있지."

어느 날, 훈장 도깨비가 거짓말쟁이 도깨비를 불렀습니다.

"이 씨앗을 심어 가꾸거라."

"와! 이게 뭐예요, 훈장님?"

씨앗에는 하얀 깃털 같은 것이 달려 있었습니다.

거짓말쟁이 도깨비는 씨앗을 땅에 심었습니다.

씨는 잔뿌리를 내리고 떡잎을 피웠습니다.

"싹이 텄다!"

도깨비는 그 모습을 찬찬히 지켜보았습니다.

떡잎이 지고 뿌리잎이 방석 모양으로 둥글게 자랐습니다.
거짓말쟁이 도깨비는 훈장 도깨비에게 달려갔습니다.
"훈장님, 씨를 심었더니 싹이 자랐어요!"
"싹이 자랐다고 끝난 게 아니란다. 꽃을 피워야 해."
"꽃은 어떻게 해야 피는데요?"
"저절로 피어날 것이니 넌 지켜보기만 하여라."

겨울이 왔습니다.

윙윙, 찬바람이 불고 눈보라가 쳤습니다.

거짓말쟁이 도깨비는 추운 들판에 나와 있습니다.

"죽으면 안 되는데……."

도깨비는 어린 로제트*가 얼어 죽을까 봐 걱정입니다.

그동안 어린 싹을 키우는 재미에 푹 빠져 지냈거든요.

들판의 풀들은 얼어 죽은 듯 시들한데도

어린 로제트는 푸른빛을 잃지 않고 싱싱합니다.

잎을 땅바닥에 착 붙이고 추위를 견뎌 내고 있습니다.

"으으, 추워."

거짓말쟁이 도깨비는 아래윗니를 부딪치며 오돌오돌 떱니다.

"로제트야, 조금만 더 견뎌. 꽃을 피워야 돼."

*로제트: 뿌리잎이 동그란 방석 모양으로 땅 위에 퍼져 무더기로 나는 무리를 일컬음.

따스한 바람이 살랑살랑 불어왔습니다.

납작하게 엎드려 있던 로제트가 흙을 털고 일어섰습니다.

"아, 살았다!"

거짓말쟁이 도깨비는 기뻐서 어쩔 줄 몰랐습니다.

한달음에 훈장님에게 달려갔습니다.

"훈장님, 로제트가 살아났어요!"

"그래. 어린 민들레가 잘 견뎌 냈구나."

"민들레라고요?"

"그래, 민들레! 별처럼 예쁜 꽃이 피어날 게다."

"언제 꽃을 피울까요?"

"기다려라. 그런데 넌 요즘도 거짓말을 하느냐?"

도깨비는 얼른 대답하지 못했습니다.

민들레를 돌보면서도 거짓말하는 버릇은
버리지 못했거든요.

민들레 꽃줄기가 쑥 자랐습니다.

어느 날, 꽃줄기 끝에서 노란 꽃이 피어났습니다.

"와, 꽃이 피었다. 정말 별을 닮았네?"

거짓말쟁이 도깨비는 손뼉을 치며 기뻐했습니다.

"이거, 거짓말보다 더 재미있는걸!"

거짓말쟁이 도깨비는 훈장님에게 달려갔습니다.

"훈장님, 별처럼 예쁜 꽃이 피었어요."

"더 기다리면 또 다른 꽃이 필 게다. 그때 다시 오렴."

꽃이 피자 벌들이 붕붕 날아왔습니다.

벌들은 꽃에 앉아 온몸에 꽃가루를 묻혔습니다.

나비도 꽃향기를 맡고 찾아왔습니다.

나비와 벌들이 이꽃 저꽃으로 날아다녔습니다.

민들레꽃은 수줍게 말했습니다.

"고마워, 가루받이*를 도와줘서."

*가루받이: 수술의 꽃가루가 암술머리에 옮겨 붙어 열매를 맺는 일.

가루받이가 끝나자 노란 꽃은 시들어 버렸습니다.

민들레는 꽃줄기를 아래로 늘어뜨렸습니다.

"드디어 씨앗을 키울 때야."

꽃이 필 때부터 아니, 어린잎 때부터 생각한 것이 '씨앗' 입니다.

씨앗을 만들어 들판을 온통 노란 빛깔로 만들고 싶었습니다.

"많이 만들어야지."

씨앗이 여물었습니다.

민들레는 늘어뜨렸던 꽃줄기를 다시 높이 쳐들었습니다.

멋진 갓털이 피어났습니다.

하얀 솜사탕 같습니다.

거짓말쟁이 도깨비는 떼굴떼굴 굴렀습니다.

기쁘기도 하고, 신기하기도 했거든요.

거짓말쟁이 도깨비는 마음이 바빴습니다.
갓털도 보고 싶고, 훈장님에게도 알려야 했습니다.
갓털은 하나로 이루어진 것이 아니었습니다.
하나, 둘, 셋…… 열, 열하나…… 서른, 오십…… 백?
백 개도 넘는 씨앗이 갓털 하나하나에 달려 있었습니다.
"이 사실을 빨리 알려야지!"

바로 그때, 바람이 휙 불어왔습니다.
그러자 갓털이 후르르 흩어져 날렸습니다.
"앗, 안 돼!"
갓털은 마치 낙하산처럼 공중으로 떠올랐습니다.
수백 개의 씨가 바람을 타고 훨훨 사방으로 날아갔습니다.
"아, 어떡하지?"

거짓말쟁이 도깨비는 훈장님에게 달려갔습니다.

"훈장님, 노란 꽃이 하얀 꽃이 되었어요."

"그럼 어서 가서 꽃을 가져오너라."

"예? 꽃을 가져오라고요?"

"내가 씨앗을 주었지 않았느냐."

"훈장님, 민들레의 갓털은 가져올 수 없어요. 제멋대로 날아가 버렸어요."

"네 이놈!"

갑자기 훈장님이 호통을 쳤습니다.

"네가 하는 거짓말도 갓털과 같으니라. 사방으로 날아가 싹을 틔우고 있는 걸 왜 모르느냐."

거짓말쟁이 도깨비는 털썩 주저앉았습니다.

"민들레 씨앗은 예쁜 꽃을 피우지만, 네가 뿌린 거짓말은 나쁜 꽃을 피운다는 걸 이제 알겠느냐?"

낙하산을 탄 민들레 씨앗들은 사방으로 날아갔습니다.

어떤 씨앗은 냇물에 떨어져 흘러갔습니다.

밭둑에 떨어지고, 산에도 떨어졌습니다.

자갈밭에도 떨어지고, 기와지붕에도 떨어졌습니다.

또 어떤 씨앗은 더 센 바람을 타고 멀리멀리 날아갔습니다.
씨앗들은 말라죽기도 하고, 썩어 버리기도 하지만
그보다 더 많은 씨앗들이 싹을 틔우고 샛노란 꽃을 피웠습니다.
아, 거짓말쟁이 도깨비는 어떻게 되었냐고요?
그 뒤론 참말만 하는 '참말 도깨비'가 되었대요.

씨앗의 여행

바람을 타고 날아가는 민들레 씨앗

민들레는 국화과의 여러해살이풀로, 들이나 길가, 햇볕이 잘 드는 곳에 저절로 자랍니다.

노란 꽃이 지고 나면 씨가 여물고 하얀 갓털이 피어납니다. 씨 하나하나에 갓털이 달려 한 송이 하얀 꽃 모양입니다. 바람을 타고 날아간 씨앗들은 새로운 곳에서 싹을 틔웁니다.

꽃
4월에 별처럼 핀 민들레예요. 이 꽃송이는 한 개의 꽃처럼 보이지만 혀 모양의 작은 꽃(혀꽃)들이 100개 이상 모여 있어요.

갓털
갓털에 붙어 있는 씨앗은 바람을 타고 먼 곳까지 날아갈 수 있어요.

키가 작아 일찍 꽃을 피워요

민들레는 로제트 모양의 잎을 땅바닥에 붙이고 추위를 이겨 냅니다. '로제트'란 뿌리잎 모양이 장미꽃과 같다 해서 붙여진 이름으로, 줄기를 위로 뻗지 않고 잎을 땅바닥에 착 붙여 자라는 식물을 말하지요.
로제트는 키가 작으니 땅의 온기를 많이 받을 뿐더러, 동물들에게 쉽게 뜯어 먹히지도 않습니다. 그래서 봄이 오면 키가 큰 풀이 자라기 전에 먼저 꽃을 피우고 가루받이를 합니다.

로제트로 겨울을 나는 식물들

달맞이꽃
달맞이꽃은 로제트로 겨울을 나고 이듬해 봄에 줄기와 잎이 자라요.

냉이
봄에 하얀 꽃이 피기 전에 로제트 잎을 뿌리째 캐어 국이나 무침을 해 먹어요.

뽀리뱅이
뽀리뱅이는 로제트로 겨울을 나고 봄이 되면 줄기 끝에 여러 송이의 노란 꽃을 피워요.

꽃마리
주걱 모양의 잎이 로제트 모양으로 퍼진 꽃마리예요. 봄이 되면 앙증맞은 작은 꽃이 피어요.

날개 달고 떠나는 씨앗의 여행

씨앗들은 땅에 생명을 퍼뜨리기 위해 바람을 타고 여행을 떠납니다. 목화, 버드나무, 박주가리 같은 씨앗은 민들레처럼 솜털 같은 날개를 달고 날아갑니다. 단풍나무 씨앗은 프로펠러처럼 생긴 날개를 달고 여행을 하며, 소나무 씨앗은 씨에 달린 날개를 타고 멀리멀리 날아갑니다.

목화

목화꽃이 진 다음에 열매가 익으면 긴 솜털이 달린 씨앗이 열매에서 나와요. 털은 씨앗을 보호하는 역할을 해요. 이 털을 모아서 솜을 만들어요.

버드나무

물을 좋아해서 연못이나 강가에 잘 자라요. 열매는 봄에 익는데 열매 속에 하얀 솜털을 단 씨앗이 바람을 타고 날아다녀요.

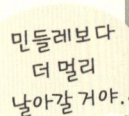

민들레보다 더 멀리 날아갈 거야.

박주가리

표주박처럼 생긴 열매 안에 흰색 털이 달린 씨앗이 들어 있어요. 씨앗에 달린 털은 솜으로 사용되기도 해요.

할미꽃
봄에 할미꽃이 피었다가 지고 나면 할머니의 긴 흰 머리카락 같은 솜털을 단 씨앗들이 바람을 타고 날아가요.

엉겅퀴
여름에 붉은 자줏빛 꽃이 피는 엉겅퀴는 가을에 열매를 맺어요. 씨앗에는 하얀 솜털이 달려 있어 바람을 타고 날아갈 수 있어요.

소나무
사계절 내내 푸른 침엽수예요. 솔방울의 비늘 하나하나에 씨앗이 들어 있는데 솔씨에는 날개가 달려 있어 바람을 타고 훨훨 날아가요.

단풍나무
가을에 빨갛게 잎이 물드는 단풍나무 열매는 헬리콥터 날개처럼 생겼어요. 날개가 떨어질 때 날개에 든 씨앗도 바람을 타고 멀리멀리 퍼져요.

> 세 번째 이야기

새로운 생명으로 태어나는
식물의 씨앗

세상에는 이름 모르는 풀이 많습니다.

이름은 있지만, 너무 많아 다 외우지 못합니다.

또 이름조차 없는 풀도 있습니다.

재미있는 풀 이름을 알아 볼까요?

노루귀, 토끼풀, 강아지풀, 기린초, 곰취,

닭의장풀, 꿩의바람꽃, 뱀딸기,

범꼬리, 뻐꾹나리, 쥐오줌풀…….

풀 이름에 동물 이름이 들어 있습니다.

이름 붙여진 동물들이 그 풀을 좋아해서일까요,

아니면 잎이나 꽃, 줄기, 열매가 닮아서일까요?

풀의 성질이 닮았을지도 모릅니다.

노루귀

토끼풀

강아지풀

씀바귀는 맛이 정말 쓴 걸까요?
질경이는 질겨서 붙여진 이름일까요?
끈끈이주걱은 잎이 끈끈해 작은 곤충들이 달라붙고,
애기똥풀은 아기가 눈 똥처럼 노란 즙이 나오고,
패랭이꽃은 옛날에 머리에 쓰던 패랭이를 닮았습니다.

'뚱딴지' 라는 꽃도 있습니다.

다른 이름은 돼지감자인데, 꽃이 코스모스처럼 예쁘답니다.

며느리밥풀, 말오줌때, 처녀치마 같은

풀은 또 어떻게 생겼을까요?

풀은 푸른 옷입니다.
누구의 옷이냐고요?
지구의 옷입니다.
지구의 옷이 되니
우리의 옷이기도 합니다.

풀은 밟아도 밟아도
죽지 않고 살아납니다.
풀은 베어도 베어도
죽지 않고 살아납니다.
누가 날마다 심지 않아도
자꾸 자꾸 돋아납니다.
저마다 꽃을 피우고,
열매를 맺고,
씨앗을 만듭니다.

씨앗은 아주 작습니다.

이름이 다르듯이, 색깔이나 생김새도 다릅니다.

빨갛고, 노랗고, 파랗고, 검고, 푸르고…….

동그랗고, 길쭉하고, 울퉁불퉁하고, 딱딱하고,

까슬까슬하고, 매끄럽고, 따갑고, 말랑거립니다.

해바라기
제비꽃
꿩의밥
붓꽃
완두콩
봉숭아
도꼬마리
도깨비바늘

씨앗은 어떻게 생겨났을까요?

씨앗은 씨방 속에 들어 있습니다.

씨방은 부풀어져 맛있는 열매가 되기도 하고,

딱딱한 껍질로 꼬투리나 씨앗주머니가 되기도 합니다.

완두콩 씨 껍질 속에는 양분을 공급하는 떡잎이 있습니다.

어린눈, 어린뿌리도 숨어 있습니다.

씨앗이 눈을 뜰 때, 어린눈은 줄기와 잎이 되고,

어린뿌리는 땅속에서 뿌리가 됩니다.

매듭풀

양지꽃

금붓꽃

별꽃

예쁜 이름을 가진 풀들이 모여 있습니다.

매듭풀, 양지꽃, 금붓꽃, 별꽃,

초롱꽃, 은방울꽃, 금낭화…….

이름만큼이나 꽃의 색깔도 곱고 예쁩니다.

초롱꽃

금낭화

은방울꽃

이름 때문에 투덜거리는 풀들도 있습니다.
가막사리, 진득찰, 도꼬마리, 도깨비바늘,
쇠무릎, 주름조개풀 들입니다.
왜 하필이면 이런 이름이 붙었을까요?
그중에도 이름이 창피해서 고개 숙인 풀이 있습니다.
도둑놈의갈고리입니다.
"도둑놈이라니! 갈고리는 또 뭐람?"

쇠무릎

가막사리

주름조개풀

도둑놈의갈고리는 이름 때문에 억울합니다.

"난 도둑질한 적이 없어."

"왜 없어? 넌 도둑질했어."

옆에 있는 키가 큰 개망초가 말합니다.

"무슨 도둑질을 했다는 거야?"

"걸음 도둑질을 했잖아.

도꼬마리, 도깨비바늘도 똑같은 얌체야."

"얌체라니, 말조심해."

도꼬마리와 도깨비바늘도 벌컥 화를 냈습니다.

"뭘 도둑질하는지, 어떻게 얌체짓하는지

두고 보면 알게 돼."

가을이 왔습니다. 풀들이 열매를 맺었습니다.

나무들도 주렁주렁 열매를 맺었습니다.

새들이 날아와 열매를 쪼아 먹었습니다.

곤충들도 열매를 갉아먹었습니다.

다람쥐 같은 동물들도 열매를 따먹었습니다.

열매 속에는 씨앗이 있습니다.
씨앗들은 초조해졌습니다.
멀리 새로운 곳으로 떠나는 '씨앗의 여행'을
시작해야 하기 때문입니다.
씨앗 혼자서는 여행을 떠날 수 없습니다.
딱총나무는 빨갛게 익은 열매를
새들이 쪼아 먹기를 기다립니다.
맛있는 열매는 새의 밥이 됩니다.
하지만 딱딱한 씨앗은 삭히지를 못합니다.
어디론가 날아간 자리에서
새가 똥을 누면 섞여 나옵니다.
똥과 함께 나온 씨앗은
새봄이 오면 싹을 틔웁니다.

도둑놈의갈고리도 열매를 맺었습니다.

"열매에 가시가 달렸어."

"가시가 갈고리처럼 생겼네."

"아, 그래서 갈고리라는 이름이 붙었구나."

"그럼 도둑놈은 왜 붙은 거야?"

그 이름은 진짜 도둑놈 때문에 붙여진 것입니다.

열매의 생김새가 사람 발자국의 반과 닮았거든요.

살금살금, 반 발자국을 남기고 걷는 사람은 누구일까요?

쉿! 들킬까 봐 발뒤꿈치를 들고 걷는 도둑놈이지요.

아, 그래서 '도둑놈의갈고리'가 되었구나.

도둑질하면 벌을 받아야 합니다.

무슨 벌을 줄까요? 아, 생각났어요.

도둑놈의갈고리가 자라는 풀밭으로 데리고 가는 겁니다.

"아이고, 따가워!"

가시 달린 씨앗들이 달라붙어 온몸을 찌릅니다.

도둑놈은 펄쩍펄쩍 뛰어 멀리 도망가겠지요?

눈에 안 띄려고 산이나 들길로 도망갈 것이 뻔합니다.

그 바람에 옷에 달라붙은 씨앗들은 여기저기 옮겨지겠지요.

도깨비바늘 열매에도 날카로운 가시가 달렸습니다.
나그네가 길을 가다 스치면 재빨리 달라붙습니다.
"나 좀 멀리 데려가 주세요."
도꼬마리 열매는 길쭉하게 둥근 모양입니다.
갈고리 모양의 가시와 짧은 털이 나 있습니다.
청설모가 지나가자 어느새 달라붙었습니다.
"너 잘 만났어."
다람쥐에게도 달라붙었습니다.
"쟤들 봐. 얌체같이 제 힘 안 쓰고 걸음 도둑질하잖아."
개망초가 말했습니다.
사람이나 동물에 달라붙어 오 리, 십 리,
그보다 더 먼 곳까지 씨앗을 퍼뜨립니다.

씨앗은 들에, 길가에, 산에 떨어집니다.
어두운 땅속에 묻혀 있지만 희망을 품고 있지요.
햇빛과 물과 공기만 있으면 언제라도 싹을 틔워요.
싹을 틔우고, 줄기와 잎이 자라 꽃을 피우고,
꽃이 지면 열매와 씨앗이 열립니다.

어떤 씨앗은 마른 땅에서 자라고
어떤 씨앗은 지붕 위에서 자라고,
어떤 씨앗은 담장 위에서 자랍니다.
어떤 씨앗은 자라서 풀이 되고
어떤 씨앗은 큰 나무가 되기도 합니다.
씨앗은 새로운 '생명' 입니다.

씨앗도 숨 쉬는 생명이에요

도둑놈의갈고리도 씨앗을 맺어요

도둑놈의갈고리는 꼬투리 열매를 맺는데 도둑놈의 반 발자국처럼 생긴 열매에 씨앗이 한 개씩 들어 있습니다. 열매 끝에 달린 갈고리로 사람의 옷이나 동물의 털에 붙어 먼 곳까지 갈 수 있습니다. 어두운 땅속에서 씨로 겨울을 나고 다음 해 봄, 햇빛과 물과 공기만 알맞으면 손바닥만한 땅에서도 싹을 틔우고 뿌리를 내립니다.

가시 - 꼬투리 끝에 갈고리 모양의 가시가 있어요.

열매 - 여름이 끝나갈 무렵 먼저 꽃이 진 자리에 꼬투리가 생겨요.

꽃 - 7~8월에 연분홍색의 예쁜 꽃이 피어요.

꼬투리 - 꽃 속에서 꼬투리가 자라기 시작해요.

줄기 - 줄기가 단단하고 키는 1m 가까이 자라요.

여러 가지 종류의 씨앗

열매 속에는 씨앗이 들어 있는데, 씨앗은 껍질에 싸여 있습니다.

씨앗은 종류와 모양이 다양합니다. 과육(과일의 살) 속에 들어가 있는 씨도 있고, 꼬투리 속에 들어 있는 씨도 있고, 열매 없이 바로 씨가 되는 것도 있습니다.

사과
봄에 흰 꽃이 지고 나서 꽃받침이 자란 열매예요. 안쪽에 진한 갈색의 씨앗이 2~3개 들어 있어요.

완두콩
꼬투리를 맺어요. 꼬투리 속에는 초록색 씨앗이 6~7개 옹기종기 모여 있어요.

은행
가을이면 은행나무 암그루에서 동그란 은행이 누렇게 익어요. 껍질에서는 고약한 냄새가 나서 잘 까서 먹어야 해요.

벼
가을에 누렇게 익은 벼의 껍질을 벗기면 흰 쌀알이 나와요. 우리에게 중요한 식량 자원이에요.

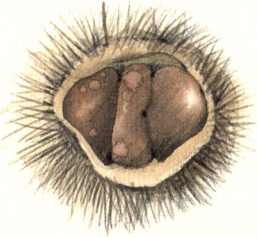

밤
밤송이 안에서 1~3개의 열매가 익어요. 겉껍질과 속껍질이 있어서 열매를 보호해요.

식물은 어떻게 퍼져 나갈까요?

식물들은 스스로 움직일 수 없기 때문에 열매나 씨의 생김부터가 멀리 퍼지기 위해서 독특한 성질을 갖고 있습니다.

도둑놈의갈고리는 열매에도 가시가 달려 있어 사람의 옷이나 짐승의 털에 붙어 퍼집니다. 그런가 하면 멸가치는 열매에 끈끈한 액체가 있어 다른 물체에 붙어 퍼진답니다.

열매는 새들의 좋은 먹이입니다. 새들이 열매를 따 먹으면 씨는 소화되지 않은 채 똥에 섞여 나옵니다. 찔레꽃, 벚나무 등의 열매는 새들이 좋아하는 열매입니다. 콩, 괭이밥처럼 열매가 꼬투리 안에 열리는 식물도 있어요. 열매가 익으면 꼬투리가 터지면서 씨를 사방으로 쏘아 보내지요.

가시로 다른 동물에 붙어 퍼뜨려요

가막사리
노란 꽃이 지고 나면 가시가 붙은 열매를 맺어요. 사람의 옷이나 동물의 털에 잘 달라붙어요.

다가오기만 해 봐 찰싹 달라붙을 거야.

도꼬마리
도꼬마리 열매는 럭비공처럼 생겼어요. 가을에 갈색으로 익는데 열매마다 갈고리 같은 가시가 많이 달려 있어 동물의 털에 붙어 씨앗을 퍼뜨려요.

끈끈한 액체로 다른 동물에 붙어 퍼뜨려요

털진득찰
진득찰 중에서도 털이 많이 달린 진득찰이에요. 열매에 끈끈한 액체가 방울방울 달려 있어 여기저기 잘 달라붙어요. 그래서 '진득하게 찰싹 달라붙는다.'는 뜻의 이름이 붙여졌어요.

주름조개풀
응달진 곳에서 잘 자라는 주름조개풀은 가을에 꽃이삭이 펴요. 열매가 들어 있는 까락에서 끈적끈적한 액체가 나와 다른 동물에게 잘 붙어요.

새가 먹고 씨앗을 퍼뜨려요

딱총나무
산골짜기에서 자라는 딱총나무는 여름에 열매가 익기 시작해요. 빨갛고 동그란 열매가 다닥다닥 모여 무척 탐스럽게 열려요.

청미래덩굴
가을에 붉게 익는 구슬만한 크기의 청미래덩굴 열매는 새들이 무척 좋아해요.

벚나무
봄이 되면 흰 꽃이 흐드러지게 피는 벚나무는 가을에 열매를 맺어요. 열매를 버찌라고 해요.

씨앗은 자신이 어떻게 해야 하는지 알고 있습니다.
바람에게, 물에게, 새에게, 그리고 사람에게.
알을 품은 새는 적이 나타나도 도망가지 않습니다.

교과서 자연동화 10권, 교과서로 만나요!

01

슬기로운 생활	1학년 2학기	6. 우리의 겨울맞이
과학	3학년 1학기	3. 동물의 한살이
	4학년 1학기	3. 식물의 한살이

02

슬기로운 생활	1학년 1학기	5. 자연과 함께해요
과학	5학년 1학기	4. 작은 생물의 세계

03

슬기로운 생활	1학년 1학기	5. 자연과 함께해요
과학	3학년 2학기	2. 동물의 세계
	4학년 2학기	1. 식물의 세계
	5학년 1학기	3. 식물의 구조와 기능

04

슬기로운 생활	1학년 2학기	4. 가을의 산과 들
과학	3학년 1학기	3. 동물의 한살이
	4학년 1학기	3. 식물의 한살이
	4학년 2학기	1. 식물의 세계
	5학년 1학기	3. 식물의 구조와 기능

05

슬기로운 생활	2학년 1학기	7. 동물과 식물은 내 친구
과학	5학년 1학기	3. 식물의 구조와 기능
		4. 작은 생물의 세계

슬기로운 생활	1학년 1학기	2. 봄이 왔어요 / 5. 자연과 함께해요
과학	3학년 1학기	3. 동물의 한살이
	4학년 1학기	3. 식물의 한살이
	5학년 1학기	4. 작은 생물의 세계
	6학년 1학기	4. 생태계와 환경

과학	3학년 2학기	2. 동물의 세계
	5학년 1학기	3. 식물의 구조와 기능
		4. 작은 생물의 세계

과학	3학년 1학기	3. 동물의 한살이
	3학년 2학기	2. 동물의 세계
	4학년 1학기	3. 식물의 한살이

슬기로운 생활	2학년 2학기	1. 낮과 밤이 달라요
과학	6학년 1학기	4. 생태계와 환경

과학	3학년 2학기	2. 동물의 세계
	4학년 2학기	1. 식물의 세계

글 · 이상배

충북 괴산의 산골 마을에서 태어났습니다.
어린 시절부터 산과 들판을 뛰어다니며 자연과 함께 하나가 되던 때를 그리워하며 글을 쓰고 있습니다.
연못가에서 잠자리를 잡던 일이며, 소 꼴을 먹이던 일을 돌아보면서
자연보다 더 훌륭한 스승은 없다는 것을 늘 깨닫고 있습니다.
월간문학 신인상에 〈엄마 열목어〉가 당선된 것을 시작으로 지금까지 〈꽃이 꾸는 나비꿈〉,
〈옛날에 울아버지가〉, 〈도깨비 아부지〉, 〈아리랑〉, 〈별이 된 오쟁이〉, 〈아름다운 둥지〉,
〈책 읽는 도깨비〉 등 여러 작품을 썼습니다.
대한민국문학상, 한국아동문학상, 이주홍문학상, 김동리문학상, 한국동화문학상 등을 받았습니다.

그림 · 황지영

인덕대학교에서 응용미술을 공부하고 지금껏 프리랜스 일러스트레이터로 활동하며
어린이 책에 그림을 그리고 있습니다.
이 책을 통해 사랑하는 두 아이들에게 예쁜 새 이름과 들꽃 이름을 더 많이 알려 주게 되었습니다.
그린 책으로는 〈곰돌이 주차장〉, 〈꿀벌 마야의 모험〉, 〈머리에서 자라는 풀잎〉, 〈슬픈 도라지꽃〉 등이 있습니다.

개정판 1쇄 인쇄 2011년 11월 25일
개정판 1쇄 발행 2011년 12월 7일

글 이상배 **그림** 황지영
펴낸이 오형석
편집이사 박춘옥
편집책임 권주원 **편집진행** 김유진, 김하나, 김주미
디자인책임 조기연
제작책임 고강석
사진 신응섭, 양현숙, 시몽포토에이전시, 김상윤, 김성민, 김호원, 이영철, 이기학, 정복희, soguri.com
펴낸곳 (주)계림북스 **등록** 제300-2007-55호(2000. 5. 22)
주소 서울시 종로구 평동 13-68
전화 (02)739-0121(대표) **팩스** (02)722-7035
홈페이지 www.kyelimbook.com

이 책에 실린 글과 그림의 무단 전재나 복제를 금합니다.
ⓒ이상배, 계림북스 2011

ISBN 978-89-533-1440-5 74400
      978-89-533-1436-8(세트)